跟着语文课本长知识

中国古代
少年机智故事

（漫画版）

墙峻峰 ◎ 著

长江出版传媒 长江文艺出版社

图书在版编目（CIP）数据

中国古代少年机智故事 / 墙峻峰著. -- 武汉 ： 长江文艺出版社，2025. 6. -- ISBN 978-7-5702-0731-2

Ⅰ. K82-49

中国国家版本馆 CIP 数据核字第 2025YY7678 号

中国古代少年机智故事
ZHONGGUO GUDAI SHAONIAN JIZHI GUSHI

责任编辑：张远林	责任校对：程华清
封面设计：陈希璇	责任印制：邱 莉 韩 燕

出版：长江出版传媒 | 长江文艺出版社
地址：武汉市雄楚大街 268 号　　　邮编：430070
发行：长江文艺出版社
http://www.cjlap.com
印刷：湖北新华印务有限公司

开本：710 毫米×970 毫米　　1/16　　　印张：7.5
版次：2025 年 6 月第 1 版　　　2025 年 6 月第 1 次印刷
字数：68 千字

定价：30.00 元

目录

1 螳螂捕蝉，黄雀在后

吴王打算攻打楚国，下令有敢谏阻者死。

吴王一个门客的儿子想劝阻吴王，却不敢进宫。他一连几天假装在花园打鸟，终于"偶遇"了吴王。

门客的儿子说要给吴王讲一个关于螳螂、蝉、黄雀的故事。

吴王挠着头，似乎明白了什么。他在瞄准楚国时，说不定也成了更强大的猎手的猎物！

细思极恐，我竟开始慌了……

小古文

　　吴王欲伐荆，告其左右曰："敢有谏者死！"舍人有少孺（rú）子者，欲谏不敢，则怀丸操弹（dàn），游于后园，露沾其衣，如是者三旦。吴王曰："子来，何苦沾衣如此？"对曰："园中有树，其上有蝉，蝉高居悲鸣饮露，不知螳螂在其后也；螳螂委身曲附，欲取蝉，而不知黄雀在其傍也；黄雀延颈，欲啄螳螂，而不知弹丸在其下也。此三者，皆务欲得其前利，而不顾其后之患也。"

吴王曰："善哉！"乃罢其**兵**。

——《说苑·正谏》

📖 小词典

孺：小孩子。

跗：通"跗"，脚背。

傍：同"旁"，旁边。

延颈：伸长脖子。

务欲：力求，想要。

兵：军事，战争。

📖 古文今读

春秋时期，吴王打算攻伐楚国，并对左右的人说："谁要是敢于劝阻我，我就立即处死谁。"吴王一个舍人（门客）的儿子，年纪还小，想劝谏吴王放弃伐楚，却又不敢进宫。于是他就拿着弹弓、带着弹子，到宫里的后花园里假装打鸟，衣服都被晨露沾湿了。他一连去了三次，终于在一天清早遇到了吴王。

吴王看见他衣服都被露水沾湿了，还抬着头、望着树梢，兴致勃勃地在树下转来转去。吴王喊道："小孩过来，你衣服都被露水打湿了，何苦呢？"少年回答说："园中有树，树上有蝉；蝉高居树枝悲鸣饮露，却不知螳螂在身后正想捕捉自己；螳螂弯着身体伸出前臂，想抓住这只蝉，却不知后面又来一只黄雀；黄雀伸着脖子想啄螳螂，却不知道它的背后还有一副弹弓正等着它。蝉、螳螂、黄雀都追求眼前的利益，却看不到藏在背后的祸患。"

　　吴王觉得这少年的话很有道理，说道："你说得对。"吴王回去后就停止了伐楚的战事。

长知识

　　世上的万事万物都是相互联系的，做事不能只顾眼前、目光短浅，不考虑后患。

2 两小儿辩日

孔子在东游的路上，遇到了两个小孩子在争论。

孔子走过来，问他们究竟为什么吵架。

这不是超级大神孔子吗？让他来当裁判，准行！

两个黄口小儿，听听也行。

一小儿根据早上和中午太阳的大小，认为日初出时离人近，日中时离人远；另一小儿根据早上和中午时气温的凉与热，认为日初出时离人远，日中时离人近。孔子听完后难以评判谁对谁错。

传说果然是靠不住的。

哪里有地缝，我要钻下去。

📖 小古文

　　孔子东游，见两小儿**辩**斗，问其故。一儿曰："我**以**日始出时**去**人近，而日中时远也。"一儿曰："我以日初出远，而日中时近也。"一儿曰："日初出大如车盖，及日中则如盘盂（yú），此不**为**远者小而近者大乎？"一儿曰："日初出沧沧（cāng）凉凉，及其日中如**探汤**，此不为近者热而远者凉乎？"孔子不能**决**也。两小儿笑曰："**孰**为汝多**知**乎？"

——《列子·汤问》

📖 小词典

　　辩：辩论。

　　以：认为。

　　去：离。

　　为：是。

　　探汤：把手伸进热水中。

　　决：判断。

　　孰：谁。

　　知：通"智"，智慧。

孔子到东方游历，在路上看到两个小孩在争辩，便问他们争论的原因。一个小孩说："我认为，太阳刚刚升起时离人近一些，中午时离人远一些。"另一个小孩认为，太阳刚升起时离人远些，而中午时离人近些。一个小孩说："太阳刚出来时像车盖一样大，到了中午却像个盘子，这不是远的小近的大吗？"另一个小孩说："太阳刚出来时是寒凉的，到了中午就像把手伸进热水里一样，这不是近时热而远时凉吗？"孔子也无法判断哪个对。两个小孩笑着说："谁说您很有智慧呢？"

📖 长知识

智者孔子也有不知道的事理，真是学无止境呀！小小孩童，敢于探索日之远近，满满的好奇心与大胆的质疑精神也让人欣慰！从现代科学角度来看，早晨和中午的太阳与地球的距离几乎是一样的。

3 坐山观虎斗

卞庄子是春秋时期鲁国人，生性勇猛，敢同老虎搏斗。一天，附近山上出现两只老虎，他提剑上山，准备去刺死它们。

明知山有虎，偏向虎山行

都别动，
热血青年上线！

一个小僮仆走上前来制止他。

傻啊！等两个老虎内耗完，你再出手呀！

卞庄子听从其计，果然一举两得。

……

玩不过啊，人心水太深！

哈哈，躺赢！

庄

有两虎诤（zhèng）人而斗者，卞庄子将刺之，管与止之曰："虎者戾（lì）虫，人者甘饵也。今两虎诤人而斗，小者必死，大者必伤，子待伤虎而刺之，则是一举而兼两虎也。无刺一虎之劳，而有刺两虎之名。"

——《战国策·秦策》

诤：同"争"。

戾虫：凶暴的野兽。老虎俗称大虫。

有两只老虎正为了争吃人而拼命打斗，卞庄子想去杀了它们。这时（旅馆的僮仆）管与连忙阻止他说："老虎是凶猛的野兽；人肉，是老虎美味的食物。现在那两只老虎为争吃人而打斗，弱小的肯定会被咬死，强大的也会被咬伤。等它们死的死，伤的伤，你再去刺杀它们，那就一举能刺死两只老虎。这样，你没付出刺杀一只老虎的劳苦，却能博得杀死两只老虎的美名。"

📙 长知识

　　这个故事是"坐山观虎斗"一词的来源。战国时期，韩国和魏国互相攻伐，打了整整一年还没有分出胜负。秦惠王想让他们停止战争，召来群臣询问。一个叫陈轸的客卿说："大王如果想统一天下的话，听我讲个卞庄子刺虎的故事吧。"听完他的故事后，秦惠王决定不制止韩魏争斗。最后魏国受了损失，韩国被打得落花流水，秦国的军队像潮水一样涌去，一下子就夺了韩魏两国的好几个城池。

4　外黄小儿

外黄固守城池很久，眼见情势不对，才跑来投降。项羽很生气。

外黄城里人人自危。一个小孩要前去劝阻项羽。

请开始你的表演。

西楚大营

小孩对项羽说，大王三思，杀了外黄一城人，丢掉梁地十余城；反之，会赚不止十座城。

$$\text{剑} \div \text{城} = 0 \times (10 \times \text{城})$$

看我算得对不对？

高！差点给自己挖了个大坑！

项羽听从了小儿的劝告，赦免了外黄人。外黄以东直到睢阳等地，人们听到这个情况，都争着前来归顺项羽。

大王仁义，请带我们飞！

小古文

外黄不下。数日，已降，项王怒，悉令男子年十五已上诣（yì）城东，欲阬之。外黄令舍人儿年十三，往说项王曰："彭越强劫外黄，外黄恐，故且降，待大王。大王至，又皆阬之，百姓岂有归心？从此以东，梁地十余城皆恐，莫肯下矣。"项王然其言，乃赦外黄当阬者。东至睢（suī）阳，闻之皆争下项王。

——《史记·项羽本纪》

下：投降。

已：同"以"。

诣：前往。

阬：通"坑"，这里指活埋。

然：认为对。

📖 古文今读

一开始，外黄坚决不投降。过了几天看情况不妙，全城才投降归顺。项羽非常愤怒，命令所有十五岁以上的男子前往城东。他要挖坑活埋他们。外黄县令的一个门客有个十三岁的儿子，前去劝说项羽道："彭越用武力威逼外黄，外黄人人恐惧，所以才权且投降拖延时间，等待大王来解救。大王来了，反要全部坑杀外黄的成年男子，百姓怎么能有归顺之心？从此向东的十余座城邑没有不因此恐惧的，那样一来，就都不会再投降了。"项羽认为他的话是对的，就赦免了想杀掉的外黄人。外黄以东直到睢阳等地的人，听到这个情况后都争相来归顺项羽。

项羽简直是成语"输送机",破釜沉舟、四面楚歌、作壁上观、锦衣夜行、沐猴而冠,这些成语都与他有关;每个成语背后都有一段精彩的故事,快去看看吧。

5　张良受书

张良闲逛到一个桥头时，一位老人故意把鞋丢到了桥下。

更过分的还在后面。

老者扬长而去，并让他五天后的早上在老地方见。

如此反复两次。第三次张良学乖了，半夜就在那里等，终于比老者早到了桥头。

老人从此神秘消失。张良熟读兵书，终成一代帝王之师。

　　良尝闲从容步游下邳（pī）圯（yí）上，有一老父，衣褐（hè），至良所，直堕其履圯下，顾谓良曰："孺（rú）子，下取履（lǚ）！"良愕然，欲殴之。为其老，强忍，下取履。父曰："履我！"良业为取履，因长跪履之。父以足受，笑而去。良殊大惊，随目之。父去里所，复还，曰："孺子可教矣。后五日平明，与我会此。"良因怪之，跪曰："诺。"五日平明，良往。父已先在，怒曰："与老人期，后，何也？"去，曰："后五日早会。"五日鸡鸣，良往。父又先在，复怒曰："后，何也？"去，曰："后五日复早来。"五日，良夜未半往。有顷，父亦来，喜曰："当如是。"出一编书，曰："读此则为王者师矣。后十年兴，十三年孺子见我济北，谷城山下黄石即我矣。"遂去，无他言，不复见。旦日视其书，乃《太公兵法》也。良因异之，常习诵读之。

——《史记·留侯世家》

📖 小词典

　　圯：桥。

　　褐：粗布短衣。

直：特意，故意。

孺子：小孩子。

平明：天刚亮时。

古文今读

　　张良有一次在下邳的桥上不慌不忙地散步，有一位穿着粗布衣裳的老人走过张良跟前时，故意把所穿的鞋丢到桥下，转头对张良说："小孩子，下去把鞋（给我）捡上来！"张良非常吃惊，本想打他，一看他年纪太老了，就强忍着怒气，走下桥去把鞋捡了上来。老人说："给我穿上！"张良心想既然已经把鞋捡上来了，那就给他穿上吧。于是蹲在地上给老人穿上了鞋。老人伸出脚穿上鞋，大笑而去。张良非常吃惊，目送着他的背影。老人走出去一里来地，又转回来，（对张良）说："（你）这个年轻人有出息，五天后天亮时，到这里跟我会面。"张良越发感到奇怪，恭敬地说："好。"五天之后天蒙蒙亮时，张良到桥头去了。老人已经在那里等着，（他）非常生气地说："（你）跟老人约会，（比老人还）晚来，为什么（这样）呢？"说完就要离开。老人又说："再过五天早点来。"五天之后，鸡刚叫张良就来到桥头，老人又在那里等着了。（他）又非常生气地说："（你又比老人还）慢，怎么搞的？"（说完就）准备离开了。老人又说："再过五天，

023

记着要早点来。"五天之后，张良不到半夜就到了那里。过了一会，老人也来了，（他）很高兴地说："本来就应当这样。"（老人）拿出一捆竹简给张良说："（你）读了这个就可以成为帝王的老师了。再过十年将有王者兴起，再过十三年，你将在济北见到我，谷城山下的黄石头就是我。"（说完）就离开了，再没有说别的话，也不再出现。张良等到天亮时再看那卷书，原来是《太公兵法》。张良惊讶极了，视它为珍宝，常常反复地诵读它。

长知识

"无故加之而不怒"，指那些胸怀大志、目标远大的人在面对突如其来的情况时总能够保持冷静和理智。这里还要提醒小朋友，尊老爱幼说不定会带来意外收获哦！

6 "困"与"囚"

汉朝的时候，有个孩子叫徐稚，善于明辨是非。他一次受邀到好友郭林宗家中去。

好友院中有一棵树，很茂盛。郭林宗正准备砍了它。

好好一棵树，砍去多可惜！

宝宝心里苦！

砍

徐稚问郭林宗这样做的缘故。

院子是个"口"，中间一棵木，不砍就被"困"住了！

"口"中一个"人"，成了"囚"！干脆不住"人"好啦！

木 人

郭林宗一时语塞。

终于不当"背锅侠"了。

……

徐孺子，南昌人，十一岁与太原郭林宗游。同稚（zhì）还家，林宗庭中有一树，欲伐去之，云："为宅之法，**正如方口**。'口'中有'木'，'困'字不祥。"徐曰："为宅之法，正如方口，'口'中有'人'，'囚'字何殊？"郭无以**难**（nàn）。

——《古今谭概》

📖 小词典

正如方口：建造的宅院，正像一个大而方的"口"字。

难：质问，诘责。

📖 古文今读

徐孺子（名稚）是后汉南昌人，十一岁时与太原人郭林宗（泰）交游。郭林宗邀请徐稚到他家中做客。正碰上郭家要砍院子里的一棵大树。郭泰说："宅院建造得像一个大而方的'口'字，这'口'中有'木'，是个'困'字，太不吉祥。"徐稚说："宅院建造得像一个大而方的'口'字，'口'中有'人'，与'囚'

字有什么不同？"郭林宗找不到话来反驳他。

长知识

　　郭泰是东汉末年的名士，因为名气大，无意间还成了"时尚"达人哦。据说他曾经在陈国、梁国间游历，有一次遇到大雨，便把头巾一角折了起来挡雨。时人见了都觉得他这样很有风度，也学他故意折巾一角，并将这种巾取名"林宗巾"。看到这儿，你是不是想起了"东坡帽"？翻翻书，你会认识中国历史上的另一位引领时尚的达人——苏东坡。

7 小时了了

孔融十岁时打算拜访洛阳名流李膺，但李府的门可不好进。

大门八字开，无亲无才莫进来。

李府

孔融以李膺亲戚的名义让看门人放他入府。李膺很纳闷。

小儿，你认的哪门子亲？

我的先君是孔子，您的先君是老子（姓李），孔子拜老子为师，都好几百年了！

众人听后都连连称奇，只有随后来的陈韪听人讲了这事不以为然。

小时聪明，长大了可能变废柴！

那您小时一定很聪明！

陈韪羞愧得直想找个地缝钻进去。

尴尬到变形！

📙 **小古文**

孔文举年十岁，随父到洛。时李元礼有盛名，为司隶校尉。诣门者，皆俊才**清称**及**中表亲戚**乃**通**。文举至门，谓吏曰："我是李府君亲。"既通，前坐。元礼问曰："君与仆有何亲？"对曰："昔先君仲尼与君先人伯阳有师资之尊，是仆与君**奕**（yì）**世**为通好也。"元礼及宾客莫不奇之。太中大夫陈韪（wěi）后至，人以其语语之。韪曰："小时了了，大未必佳。"文举曰："想君小时，必当**了了**。"韪大**踧踖**（cù jí）。

——《世说新语·言语》

清称：有美好名声的人。

中表亲戚：父亲的兄弟姊妹的儿女称内表亲，母亲的兄弟姊妹的儿女称外表亲；外为表，内为中，统称中表。

通：通报，传达。

奕世：累世。

了了：聪明，有智慧。

踧踖：局促不安。

📖 古文今读

　　孔融十岁的时候，跟随父亲到洛阳。那时李膺（yīng）担任司隶校尉，名气很大。上门拜访他的人，只有才智出众、有美好名声的人以及他的亲戚，守门的人才会通报。孔融到了李膺的府邸门口，对守门的吏员说："我是李府君的亲戚。"进了门之后，孔融上前坐下。李膺问："你和我有什么亲戚关系？"孔融回答说："从前我的祖先孔子拜您的祖先老子为师，所以我和您属于累世友好交往的关系。"李膺和宾客们都认为他很了不起。太中大夫陈韪随后到来，有人把孔融的话说给他听，他说："小时候聪明，长大了往往不一定聪明。"孔融说："我想您小时候一定很聪明。"陈韪局促不安，不知如何回答。

长知识

　　李膺是东汉末年的名士，时人把在李膺家客厅坐坐称为"登龙门"。意思是，你只要得到李膺的欣赏，就能飞黄腾达，名满天下。小孔融不但会让梨，还很会"套近乎"，更会怼人，不愧为中华小神童！

8 覆巢之下，安有完卵

孔融在曹操背后发了些牢骚。小人添油加醋地报告给曹操，曹操要杀孔融全家。

奉命逮捕的人来了，孔府内外一片惊惶。孔融的两个小儿子却像没事人一样，照样玩游戏。

淡定！

望着天真无辜的儿子，孔融心里酸痛。

我已没任何表演欲，求放过两个小儿！

给你个背影！

孔融的儿子不紧不慢地说："父亲，鸟窝都翻了，哪有摔不破的蛋哪！"

完蛋！

小古文

　　孔融被**收**，中外惶怖。时融儿大者九岁，小者八岁，二儿**故琢钉戏**，了无**遽**（jù）容。融谓使者曰："**冀**罪止于身，二儿可得全**不**？"儿徐进曰："大人，岂见覆巢之下，复有完卵乎？"**寻**亦收至。

——《世说新语·言语》

小词典

　　收：拘捕。

　　琢钉戏：古代一种儿童游戏。

遽：害怕。

不：通"否"。

寻：不久。

古文今读

孔融被拘捕时，孔家众人都很恐惧。当时孔融的儿子大的九岁、小的八岁，两个孩子依旧在玩琢钉戏，完全没有害怕的神色。孔融对奉命来逮捕他的人说："我希望只惩罚我一个人。我两个儿子的性命可以留下吗？"孔融的儿子从容地上前说："父亲您难道见过打翻的鸟巢下还有完整的鸟蛋吗？"不久，来拘捕两个儿子的人也到了。

长知识

联系上面的那个故事，我们像是看到了孔融的人生连续剧。小时聪颖过人，成年后在名士圈里也是佼佼者，最终却落得被曹操捕杀的结局，还连累了两个无辜的儿子。是时机、命运还是个性所致？令人三思。

9　曹冲称象

孙权送来的巨象，引来众人围观，也勾起了曹操想一探其重量的兴致。可大象太庞大了，左右随从都毫无办法。

大卸八块。

这是不可能完成的任务。

哪有这么大的秤啊！

曹操五六岁的小儿子曹冲站出来说他有办法。

曹操大悦。

邓哀王冲字仓舒。少聪察岐嶷（qí nì），生五六岁，智意所及，有若成人之智。时孙权曾致巨象，太祖欲知其斤重，访之群下，咸莫能出其理。冲曰："置象大船之上，而刻其水痕所至，称物以载之，则校可知矣。"太祖大说，即施行焉。

——《三国志·魏书》

小词典

岐嶷：形容少年聪慧。

咸：全部。

校：通"较"，比较。

说：通"悦"，高兴。

古文今读

曹冲少年时就很聪慧，长到五六岁的时候，才智就如一个成年人一般。有一次，孙权派人送来了一头巨象，曹操想知道这头大象的重量，便询问属下有没有称象的方法。但属下们都不能说出一个好办法。曹冲说："把大象放到大船上，在水面所达到的位置做上记号。再让船装载其他东西，直到使船身下沉到做记号的地方。这时称一下这些东西，就能知道大象的重量了。"曹操听了很高兴，马上照这个办法做了。

长知识

曹冲确实聪慧异常，他还救过一个库吏呢。曹操的马鞍存放在库房里，却被老鼠咬坏了。管理库房的库吏十分惊恐，要人捆绑着自己来见曹冲，请求免除死罪。曹冲让他等几天以后再说。曹冲用刀割破自己的单衣，就像被老鼠咬过的一样，然后假装满面愁容地见曹操。曹操问他为什么如此忧愁，曹冲说："俗话说：老鼠咬衣不吉利，如今我的衣服被咬坏了，因此我感到忧愁。"曹操听了说："这是妄言，不可信，没什么关系。"过了一会，库吏把马鞍被老鼠咬坏的事情告诉给曹操。曹操听了，笑着说："我儿子的衣服在身边还被老鼠咬坏，何况悬在库房柱子上的马鞍呢！"就这样，库吏逃过了一劫。

10　诸葛恪得驴

　　诸葛恪的父亲诸葛子瑜脸长似驴。孙权大宴群臣时，想乘机整一出恶作剧。

哈哈，看热闹不嫌事大。

一头驴被牵了进来，驴脸上贴了张长纸条。

诸葛恪不慌不忙地跪下来，请求孙权允许他在纸条上添两个字。

群臣叹服。孙权无奈，只得把驴赐给他。

小古文

诸葛恪（kè）字元逊，瑾长子也……恪父瑾面长似驴。孙权大会群臣，使人牵一驴入，长检其面，题曰："诸葛子瑜。"恪跪曰："乞请笔益两字。"因听，与笔。恪续其下曰："之驴。"举坐欢笑。乃以驴赐恪。

——《三国志·吴书》

使：命令。

检：封书的标签。

益：增加。

![古文今读]

　　诸葛恪字元逊，是诸葛瑾（诸葛亮的哥哥，字子瑜）的大儿子。诸葛恪的父亲诸葛瑾脸狭长，像驴的脸。一天，孙权在大会群臣时，让人牵进来一头驴，贴了一张长纸条在驴的脸上，上面写着：诸葛子瑜。诸葛恪跪下来，说："请求大王允许我用笔增加两个字。"孙权同意了，让人给他笔。诸葛恪在"诸葛子瑜"后面添上"之驴"两个字。所有人都笑了起来。于是孙权就把这头驴赏赐给了诸葛恪。

诸葛家族算得上三国时的大家族了。诸葛亮就不必说了，他的侄子诸葛恪也是个了不得的神童。关于他和孙权的幽默故事，还有很多呢。诸葛恪长得胖，孙权曾经问诸葛恪："你近来用什么方式娱乐自己，保养得珠圆玉润啊？"诸葛恪说："我听说有钱的人爱把居室装饰得很漂亮，有德的人总是努力培养自己的美德，心理平衡了，身体自然健康润泽了。"

11 元方答客难

陈寔与朋友约好正午见面，正午早过了，朋友还没来。他忍无可忍，走了。

朋友终于来了，只见陈寔七岁的儿子（陈纪，字元方）在门外玩耍。朋友得知陈寔已走，气得破口大骂。

真不是个东西，约好的事，还放鸽子。

元方回应说，你过了约定时间才来，无信；对着儿子骂父亲，无礼！

看我的神回复，专治各种不服。

朋友一时羞愧，想下车亲近元方，元方扭头就走。

小古文

陈太丘与友**期**行，期**日中**。过中不至，太丘**舍去**，去后乃至。元方时年七岁，门外戏。客问元方："尊君在不？"答曰："待君久不至，已去。"友人便怒，曰："非人哉！与人期行，相**委**而去！"元方曰："君与家君期日中。日中不至，则是无信；对子骂父，则是无礼。"友人惭，下车**引**之。元方入门不顾。

——《世说新语·方正》

期：约定。

日中：正午。

舍去：不顾而自行离开。

委：舍弃。

引：拉，牵。

🙂 **古文今读**

太丘长陈寔和朋友约定一起出行，约好中午见面。过了中午朋友还没来，陈寔就不再管他，自己走了，他走后朋友才到。陈纪当时七岁，在门外玩耍。客人问陈纪："你父亲在家吗？"陈纪答："他等您很久您不来，已经离开了。"朋友便发怒道："不是人哪！和别人约定一起出行，却抛下对方自己走了。"陈纪说："您和我父亲相约中午见面。您中午没来，就是不讲信用；对着儿子骂他的父亲，就是不讲礼节。"朋友感到惭愧，下车想拉陈纪的手表示亲近。陈纪径直走进家门，不回头看他。

　　这个故事里的陈纪，就是后面"难兄难弟"故事里的哥哥元方。颍川陈氏是东汉末年有名的家族，从父辈陈寔到儿子辈的陈纪、陈谌，再到孙子辈的陈群，个个都是人中龙凤。"梁上君子"这个成语就和陈寔有关哦，大家快去了解一下吧。

12　管宁割席

管宁和华歆是一对好朋友。有一次，他们一起在菜园里锄地时，刨出来一块金子！

金子也是石头……

这可是块金子呀，亮瞎了我的眼！

华歆捡起金子，又恋恋不舍地扔掉了。

拿着吧，拿着吧，人为财死。

扔了吧，扔了吧，品德为上。

有一次，两人坐在同一张席子上读书，门外有高官乘坐华丽的马车经过。

什么都是浮云。

请带我飞。

管宁知道华歆与自己不是同道中人，便割席与他断交。

小古文

管宁、华歆共园中锄菜，见地有片金，管挥锄与瓦石不异，华捉而掷去之。又尝同席读书，有乘**轩冕**过门者，宁读如故，歆**废**书出看。宁割席分坐曰："子非吾友也。"

——《世说新语·德行》

小词典

轩冕：古代卿大夫的轩车和冕服。

废：放下。

管宁和华歆一起在园中锄地时，看见地上有一块金子。管宁继续挥动锄头，把金子看得和瓦片石头没有两样；华歆先拿起金子，又扔掉。他们又曾经坐在同一张席子上读书，有高官乘坐华丽的马车从门口经过。管宁照样读书，华歆放下书出门看。管宁割断席子，与华歆分开坐，说："你不是我的朋友。"

长知识

　　一件小事可以反映出一个人的品行与性情。管宁和华歆在利和名面前的反应，我们暂且不评判对错——君子和而不同。华歆重名利，后来也果真位高权重；管宁轻名利，一生当中几次拒绝为官，其中有一次还是华歆举荐的。在东汉末年的那个乱世，管宁能一直保持着自己的初心，真的很难得。

13 汗不敢出

听说大臣钟繇的两个儿子非常聪明,魏文帝曹丕想见见他俩。

他们来了后，魏文帝发现钟毓满面是汗，钟会却一滴汗也不出。

机会来了，有意思！

魏文帝开始发难，问他们为什么一个出汗，一个不出汗。

发抖又恐慌，汗出如浆汤。

惶恐又发抖，汗水不敢流。

魏文帝服了，两兄弟立即天下闻名。

小古文

钟毓（yù）、钟会少有令誉。年十三，魏文帝闻之，语其父钟繇（yáo）曰："可令二子来！"于是敕（chì）见。毓面有汗，帝曰："卿面何以汗？"毓对曰："战战惶惶，汗出如浆。"复问会："卿何以不汗？"对曰："战战栗栗（lì），汗不敢出。"

小词典

令：美好。

敕：帝王的诏书，命令。

战栗：发抖。

📖 **古文今读**

　　钟毓、钟会兄弟俩年少时就名声很好。钟毓十三岁时，魏文帝曹丕听说了他们兄弟，对他们的父亲钟繇说："可以让你的两个儿子来见我！"因此下令让他们来觐见。文帝看见钟毓脸上有汗，问："你脸上为什么出汗？"钟毓回答说："战战惶惶，汗出如浆。"文帝便又问钟会："你怎么没出汗？"钟会回答说："战战栗栗，汗不敢出。"

📖 **长知识**

　　两兄弟的颖悟让人叹服，他们的父亲钟繇更是了不起。钟繇不但是曹魏的重臣，更是中国历史上有名的书法家。他以楷书见长，与王羲之并称"钟王"。据说他练书法特别刻苦，有时躺在床上用手指书写，结果将盖在身上的被子都戳破了。有时上厕所竟然忘记出来。他看到各种东西都会想到书法，试图将它们用书法描画下来。

14　日近长安远

晋明帝司马绍小时很聪颖，晋元帝司马睿很喜欢他。

蹬凳子上腿。

有人从长安来觐见。元帝问了儿子一个问题：长安远，还是太阳远？

太阳远。只听过有人从长安来，没听过有人从太阳来。

第二天，元帝在大宴群臣时把这事讲了一遍，又问了司马绍一次。

请看我儿的秀场！

司马绍说太阳近。

司马绍接着说，人抬头能看见太阳，哪里看得到长安呢？

小古文

晋明帝数岁，坐元帝膝上，有人从长安来，元帝问洛下消息，**潸**（shān）**然**流涕。明帝问何以致泣，**具**以**东渡**意告之，因问明帝："汝意谓长安何如日远？"答曰："日远。不闻人从日边来，**居然**可知。"元帝异之。**明日**，集群臣宴会，告以此意，更重问之，乃答曰："日近。"元帝失色曰："尔何故异昨日之言邪？"答曰："举目见日，不见长安。"

——《世说新语·夙惠》

小词典

潸然：流泪的样子。

具：详细地。

东渡：指西晋灭亡后，西晋宗室司马睿在大臣的支持下渡过长江，在江东的建康（今江苏南京）建立东晋政权。

居然：显然。

明日：第二天。

晋明帝司马绍只有几岁的时候，坐在晋元帝司马睿膝上。这时有人从长安来觐见，元帝就询问洛阳的消息，听后潸然泪下。司马绍问元帝为什么哭泣，元帝把西晋灭亡、他们渡过长江的事情详细地告诉他。元帝问司马绍："你认为长安和太阳哪个更远？"司马绍答："太阳远。没听说过有人从太阳那边来，就很明显了。"元帝感到惊异。第二天，元帝召集群臣举行宴会，把司马绍的话告诉他们。元帝又问了司马绍一遍，这次司马绍却回答："太阳近。"元帝大惊失色地问："为什么你现在说的和昨天说的不一样？"司马绍答："抬头远望就能看到太阳，却看不到长安。"

📖 长知识

司马绍天纵英才，如愿继承了皇位，成了东晋的第二位皇帝。他在位期间很努力也很优秀，却只活了二十七岁。他是一个道德感很强的皇帝，据说有一次听了臣子王敦讲完先祖的发家史，他不但没引以为荣，反倒引以为耻，并预言晋国的国祚（zuò）不会长久。

15　梁国杨氏子

孔坦（字君平）去拜访梁国一个姓杨的朋友，朋友不在，朋友的家人便让朋友九岁的儿子来招待他。

嘿嘿！别人说你聪明得很，今儿戏耍一番。

杨氏子给孔坦端出水果，水果中有杨梅。

这水果姓杨，莫非是你本家？

哦？那孔雀姓孔，是您的本家啦？

孔坦一时语塞。

我还是扶墙"自闭"吧！

"杠精"附体。

📖 小古文

梁国杨氏子九岁，甚聪惠。孔君平诣其父，父不在，乃呼儿出，为设果。果有杨梅。孔指以示儿曰："此是君家果。"儿应声答曰："未闻孔雀是夫子家禽。"

——《世说新语·言语》

📖 小词典

惠：通"慧"，聪明有智慧。

诣：拜访。

设：摆出。

应声：随声。

夫子：古时对男子的尊称。

📖 古文今读

梁国一家姓杨的有个儿子年方九岁，非常聪明。孔坦来拜访他的父亲，他父亲不在，家人便让他出来，给客人摆上水果。水果中有杨梅，孔坦指着杨梅给他看，说："这是你家的水果。"孩子应声回答道："没听说过孔雀是您家的鸟。"

　　孔君平由"杨梅"想到了"杨"姓，小孩子由"孔雀"想到了"孔"姓，他们都巧妙利用了汉字字音的丰富性。二"杨"与二"孔"，同音不同属，一为人，一为物。谐音则主要用了同音不同义的特点，很多有趣的歇后语都用了谐音，比如孔夫子搬家——尽是输（书），腊月的萝卜——动（冻）了心。

16 难兄难弟

颍川陈氏一族，从不讳言自己的美德。季方（陈谌）曾用花式语言称赞其父陈寔的功德。

我老爸才高如山，德深似海……

这不，陈谌（字季方）的儿子与陈纪（字元方）的儿子也有样学样，各自夸起自己父亲的好。

围观！花式夸夸大赛！

两人一时难分高下，只好让爷爷陈寔决断。爷爷说哥哥元方当然是好样的，又说弟弟季方也是好样的。

都是陈家人，卷什么卷！

我赢了！

耶！

这就是难兄难弟。

原来你们是这样的"难兄难弟"！

📖 小古文

陈元方子长文，有英才，与季方子孝先，各论其父功德。争之不能决，咨（zī）于太丘。太丘曰："元方难为兄，季方难为弟。"

——《世说新语·德行》

📖 小词典

咨：征询，商量。

陈纪的儿子陈群有卓越的才能，他和陈谌的儿子陈忠各自夸耀他们父亲的功业德行。他们互相争论，难分高下，就去征询爷爷陈寔的意见。陈寔说："元方作为哥哥很难胜过弟弟；季方作为弟弟，也很难胜过哥哥。"

长知识

这便是成语"难兄难弟"的出处。"难兄难弟"原意是两兄弟德行都很优秀、难分高下，后来比喻共患难的朋友。中国有很多成语在流传过程中，都改变了原意，比如出尔反尔、呆若木鸡、愚不可及，本来都是褒义，后来变成了贬义。大家去看看这些成语原始的意思吧！

17 徐孺子赏月

徐孺是东汉末年的名士，他九岁时曾在月亮下玩游戏。有个人看见了，便想为难他。

听说他懂天文，考考！

望着月亮，这人计上心来，问道："小娃娃，如果把月亮掏成空心球，岂不更亮？"

徐稚脱口而出道："人眼中若没有瞳仁，肯定看不见了！"

徐孺子年九岁，尝月下戏。人语之曰："**若令**月中无物，当极明邪？"徐曰："不然，譬如人眼中有**瞳子**，无此必不明。"

——《世说新语·言语》

若令：如果，假使。

瞳子：瞳孔。

徐孺子九岁的时候，有一次在月下游戏。一个人对他说："假如月亮里没有什么东西，应当更明亮吧？"徐孺子回答道："不对。这好比人眼睛中有瞳仁，如果去掉，一定不明亮。"

徐稚是东汉著名的隐士、贤人，他精通天文、历算。现代科学表明，月亮中的阴影叫月海，如果没有它们，月亮真的会更明亮。徐稚那时虽不懂现代科学知识，但近取诸身、以眼喻月，反应之迅捷，确实非常人可比。

18 不能忘情才哭

顾和对孙子顾敷和外孙张玄之都很喜欢，但更偏爱孙子顾敷一些。

一次，三人到一个寺庙去看佛祖涅槃像，画上的弟子有的哭、有的不哭，顾和想借此看看他俩如何解释。

被宠爱的不哭，被冷落的当然哭啦！

俗。但在理。

忘情的不哭，没忘情的才哭。

妙解！高！

张玄之听了顾敷的解释后不得不服。

果然，你才是"别人家的孩子"！

📖 小古文

张玄之、顾敷（fū）是顾和中外孙，皆少而聪惠。和并知之，而常谓顾胜，亲重偏至，张颇不厌（yān）。于时张年九岁，顾

078

年七岁，和与俱至寺中。见佛**般泥洹**（huán）像，弟子有泣者，有不泣者。和以问二孙。玄谓："**被亲**故泣，不被亲故不泣。"敷曰："不然。当由**忘情**故不泣，不能忘情故泣。"

——《世说新语·言语》

📖 小词典

中外孙：孙子和外孙。

厌：满意。

般泥洹：梵语音译，也做般涅或涅，意为圆寂入灭。

被亲：受到亲近。

忘情：对于喜怒哀乐之事很淡然，不为所动，就像忘记了情感一样。佛家认为这是很高的境界。

📖 古文今读

张玄之和顾敷是顾和的外孙和孙子，二人年龄都很小，且都特别聪明。顾和对他们都很好，但常觉得顾敷更聪明，所以对顾敷更偏爱和看重。对比张玄之很不满。那一年，张玄之九岁，顾敷七岁，顾和带他们一起到佛寺去。看到一幅佛祖涅槃像，这幅图像上的佛弟子有的哭泣，有的不哭泣。顾和拿这个情景问两个孙子。张玄之说："有的佛弟子和佛祖亲，所以哭泣；有的不够亲，所以不哭。"顾敷说："不对，应当说有的能忘情，所以不哭泣；有的不能忘情，所以哭泣。"

长知识

"情"，是魏晋名士清谈的话题之一。那个识破了"道边李苦"的王戎曾说过，圣人能够忘情，最下等的人谈不上感情，最重情的是我们这类凡人。其原话是："太上忘情，太下不及情，情之所钟，正在我辈。"从中可见，能忘情的人是圣人，肯定要高出凡人一等！顾敷简直是哲学家呀！

19 王羲之装睡

有一天，钱凤拜访上级王敦，两人在帐中密谋起造反的事来。

事关性命，天知地知、你知我知！

当时不到十岁的王羲之被留在王敦帐中过夜，一不小心听到了不该听的秘密，知道自己活不成了。

情急之下，他用手抠喉咙，把秽物弄得满脸满被都是，假装成自己一直在呼呼熟睡。

和钱凤密谋到一半，王敦想起帐中还睡着一个人，心中起了杀意，便前去掀帐察看。他见到王羲之流口水的样子，疑心顿消！

小古文

　　王右军年**减**十岁时，大将军甚爱之，恒置帐中眠。大将军尝先出，右军犹未起。须臾钱凤入，**屏**（bǐng）人论事，**都**忘右军在帐中，便言**逆节**之谋。右军觉，既闻所论，知无活理，乃**剔吐**污头面被褥，诈**孰眠**。敦论事**造**半，方意右军未起，相与大惊曰："不得不除之。"及开帐，乃见吐唾**从横**，信其实孰眠，于是得全。时称其有智。

——《世说新语·假谲》

减：不足

屏：屏退，排除。

都：完全。

逆节：反叛。

剔吐：呕吐。

孰眠：熟睡。

造半：到了一半。

从横：同"纵横"。

📖 古文今读

　　王羲之不足十岁时，大将军王敦非常喜爱他，常留他在自己的床帐中睡觉。有一次，王敦先起床出帐，王羲之还没起床。过了一会儿，钱凤进来，两人便屏退其他人秘密商量谋反的事情，完全忘了王羲之还在帐里睡觉。王羲之醒来，听到了他们密谋的事情，知道自己性命难保。于是他用手指捅喉部引起呕吐，把自己的脸和被子都弄脏了，装出熟睡的样子。王敦和钱凤他们密谋到一半，才想起王羲之还没有起床。他们都很惊恐地说："不得不将这小孩除掉了。"王敦掀开床帐，见王羲之口里吐出来的东西把被子都弄脏了，确信这个孩子一直在熟睡。这样，王羲之才保住了性命。事过以后，人们都称王羲之聪敏机智。

长知识

　　王羲之是东晋著名书法家，被称为"书圣"，代表作《兰亭序》被誉为"天下第一行书"。成语"东床快婿""入木三分"的主角都是他哦。他特别喜欢鹅，为求得一个道士的鹅，他写了一部《道德经》去换。要知道，他的书法在当时很多人求都求不到！

20 王戎不取道边李

七岁的王戎和小伙伴一起玩耍，看到路边一棵李子树上的果实把枝子都压弯了。小伙伴都去抢着摘李子。

我来了，李子等等我！

王戎却站在原地，一动不动，冷眼旁观着。

有人问他为何不抢，他说："树长在路边，果子却没人摘，肯定是苦的。"

王戎七岁，尝与诸小儿游。看道边李树多子**折枝**，诸儿**竞走**取之，唯戎不动。人问之，答曰："树在道边而多子，此必苦李。"取之，**信然**。

——《世说新语·雅量》

小词典

折枝：使树枝弯曲。

竞：争相。

走：跑。

信然：确实是这样。

古文今读

王戎七岁时，有一次和许多小孩一起玩，看到路边的李树结了很多果子，把树枝都压弯了。其他孩子争着跑去摘李子，只有王戎站在原地不动。有人问王戎为什么不摘李子，他回答："李树生长在路边，却有很多果子留在上面没人摘走，这一定是苦李。"那人摘下李子尝了尝，确实是这样的。

📖 长知识

王戎是"竹林七贤"之一。他少时极机敏稳重，关于他的机智故事，除了"不取道边李"外，还有"不畏虎"的故事。故事是说一只被关在笼中的虎啸了一声，周围的人都吓得纷纷躲避，他却跟没事人一样。问他缘故，他说被关在笼子中的虎，再威风又有什么好怕的？"恐惧源于未知，智慧破除虚妄。"多学点智慧哦！

21 诋诗

南北朝时，一个叫张率的人痴迷写诗，年仅十六，就写了两千多首诗。他很想得到当时有名望的人的认可，便将大作呈给了虞讷。

求认可，求点赞，求转发！

虞讷看后，将所有诗作贬得一文不值。

张率烧了所有旧作，又写了很多诗，谎称是当时名诗人沈约写的，让虞讷再评。

张率年十六，作赋颂二千余首。虞讷见而诋（dǐ）之，率乃一旦焚毁，**更**为诗示焉，**托**云沈约。讷更句句嗟称，无字不善。率曰："此吾作也！"讷惭而退。

——《古今谭概》

📖 小词典

诋：诋毁，骂。

更：再，又。

托：假托。

📖 古文今读

张率十六岁时，已作赋颂两千余首。他拿给虞讷看，虞讷对他的作品一概贬低。张率一气之下把诗全部烧了。后来他又写出了诗给虞讷看，只不过假托是大学问家沈约的作品。虞讷这时就一句句地嗟叹、称赞不已，（他觉得）简直没有一个字不好。张率这时才说："这些都是我写的。"虞讷听后羞愧地离开了。

　　张率是南朝时的名士，他喜欢喝酒，性情疏阔，常忘记家中事务。在新安做官时，曾派家中仆人买两万斗米带到吴郡，结果路上米丢了一大半。张率问其中原因，仆人回答说被雀鼠吃掉了。张率听完笑着说："厉害啊，雀鼠！"他知道这是仆人在算计自己，只是没挑明罢了！其胸襟气度确实了得。但一般普通的人，可没法这么慷慨呀！

22 刀斩乱麻

北齐皇帝高欢想考察他的儿子们，看谁最聪明。

> 这乱哄哄的世道，得选个好的接班人。

他给几个儿子各发了一把乱麻，限定时间，看谁最先理顺。

汗！一根，一根，又一根。

眼冒金星，无从下手。

次子高洋没理会乱麻，却跑去找了一把刀来。

旧观念抛到一边，看我七十二变！

不讲武德！

高欢见状，先是震惊，继而沉思，最后狂喜。

📖 小古文

高祖尝试观诸子意识，各使治乱丝。帝独抽刀斩之，曰："乱者须斩。"

——《北齐书·文宣帝纪》

📖 小词典

尝：曾经。

治：整理。

有一次，北齐的皇帝高欢想试试他几个儿子的聪明才智，便给他们各发一把乱麻，要他们设法整理，看谁整理得又快又好。别的孩子都把乱麻先一根一根抽出来，然后又一根一根理齐，这样，想快却快不了，都很着急。唯有高洋这个孩子，与众不同。他去找了一把快刀来，几刀就把乱麻斩断了。高欢问他为何如此整理，高洋说："乱者必斩。"

长知识

这个故事是成语"快刀斩乱麻"的出处。后来聪明的高洋怎么样了呢？他果真做了皇帝，史称文宣帝。但高洋执政时却连年与突厥、南朝各国作战，还修建长城三千余里。后又嗜酒昏狂，以荒淫残暴而著称。故事中的高洋，在面临复杂的处境时用最果断、有效的方法来处理，但"小时了了，大未必佳"。

23 贾嘉隐巧对

七岁的神童贾嘉隐被皇帝召见，这激起了一干朝臣的试探欲。

吃瓜群众！搬个小板凳！

司空李勣问贾嘉隐自己所倚靠的是棵什么树，贾嘉隐说是棵松树。

群臣惊讶于他的敏捷。长孙无忌倚着槐树，急着追问自己所倚的是什么树。贾嘉隐说是棵槐树。

群臣集体破防。长孙无忌拉长了脸。

自己挖的坑，自己跳吧！

小古文

贾嘉隐年七岁，以神童召见。时太尉长孙无忌、司空李勣（jì）于朝堂立语。戏谓嘉隐曰："吾所倚者何树？"嘉隐对曰："松树。"勣曰："此槐也，何忽嘉隐对言松？"嘉隐曰："以公配木，则为松树。"无忌连问之："吾所倚何树？"曰："槐树。"无忌曰："汝不能矫对耶？"嘉隐应声曰："何须矫对，但取其以鬼配木耳。"

——《唐书辑校》

忽：粗心，疏忽。

矫对：狡辩。

古文今读

　　唐朝贾嘉隐七岁那一年，以神童的身份被皇帝召见。当时太尉长孙无忌、司空李勣正站在朝堂上说话。李勣便戏谑他说："我倚靠的是什么树？"贾嘉隐说："是棵松树。"李勣说："这明明是棵槐树，你怎么如此疏忽、说成是松树呢？"贾嘉隐说："用'公'配'木'，就是松树。"长孙无忌连声问他："我倚靠的是什么树？"贾嘉隐回答："槐树。"长孙无忌说："你不能再狡辩说是松树了吧？"贾嘉隐说："何须狡辩，只是取用'鬼'配'木'罢了。"

　　唐朝的科举有专门为"天才儿童"设置的童子举，还有通过不怎么正规的"召试"，为国家储备人才。故事中的贾嘉隐就是通过"召试"面见皇帝的。这些"天才儿童"均为十岁左右的孩童，大多表现出记忆出众、反应敏捷、才思超群等特征。"神童"的成长是一个漫长的过程，最终能不能长成"参天大树"也是受很多因素制约的。

24　文彦博灌水取毬

文彦博是北宋有名的宰相和书法家，小时候就聪颖过人。有一次，他和小伙伴踢球玩。

看我的，一记香蕉球。

嗖！

一不小心，把球踢入了树洞中。小伙伴都想取回球。

在小小的树洞里，摸呀摸呀摸。够不着。

在小小的树洞里，掏呀掏呀掏。拿不着。

文彦博让小伙伴都去打水，把水灌进树洞里。结果球浮出来了。

"阿基米德"附体！

我的必杀技，轻功水上漂！

彦博幼时，与群儿戏击毬（qiú），毬入柱穴中，不能取，公以水灌之，毬浮出。

——《邵氏闻见录》

小词典

毬：同"球"。一种古代游戏时所用的圆球。

古文今读

文彦博幼年时和同伴一起玩球，有一次，球滚入树洞中拿不出来。文彦博就提水灌洞，不久球就浮出了洞口。

　　少年文彦博不但聪慧，还很注重立德修身。他在家中放了两个罐子，做了一件好事，就往一个罐子里放一粒红豆；做了错事，就往另一个罐子里放一粒黑豆。每晚睡觉之前，都会检查一下红豆和黑豆的数量，以此来警醒自己。

25 司马光砸缸

小司马光和一群孩子在庭院里嬉戏。

放大招，登椅子上缸！

熊孩子！

小儿一不小心跌入缸中。缸深水也深，一群小儿想了各种办法，都无济于事。最后都吓跑了。

只剩司马光一人了。他不慌不忙地拿起一块石头砸缸，缸破了，水流光了。

小孩子得救了。

📖 小古文

群儿戏于庭，一儿登瓮（wèng），足跌（diē）没水中。众皆弃去，光持石击瓮破之，水迸（bèng），儿得活。

——《宋史·司马光传》

📖 小词典

庭：庭院。

瓮：大水缸，口小肚大。

足跌：失足。

去：离开。

迸：涌出。

古文今读

　　有一次，司马光和一群孩子在庭院嬉戏。一个小孩爬上缸，失足落入水中。大家都吓跑了，只有司马光拿石头砸缸。缸破了，水一下子喷涌出来，落水的小孩得救了。

长知识

　　"司马光砸缸"这个故事，突出了少年司马光的机智和聪颖。但他取得的成就更多的是靠刻苦自砺而来的。他时时不忘读书学习，常常读书到深夜。为了惜时，他特意为自己做了一段光滑的圆木枕头。每当困意来袭时，他就靠着枕头睡一会。只要他一翻身，圆溜溜的枕头就会滚到地上，发出响声来，这样他被惊醒，就可以接着读书啦。司马光称这个枕头为"警枕"。

26 巧辨獐鹿

据说王安石的儿子王雱从小聪慧过人，有些人不大相信。

> 果真是龙生龙，凤生凤？

有个宾客把一只獐子和一只鹿关在一个笼子里，前去找王雱。

王雱犯难了。他从未见过这两种动物，而他们长得又实在相似。

过了很久，王雱说，獐旁边是鹿，鹿旁边是獐。

小古文

王元泽数岁时，客有以一獐（zhāng）一鹿同笼，以问雱（pāng）："何者是獐，何者是鹿？"雱实未识，良久对曰："獐边者是鹿，鹿边者是獐。"客大奇之。

——《梦溪笔谈·权智》

小词典

獐：一种动物，形似鹿而较小。

良久：许久。

　　王雾（字元泽，王安石之子）才几岁大的时候，有个宾客把一只獐子和一只鹿关到同一个笼子里，然后问他：“哪个是獐子？哪个是鹿？”王元泽确实不认识这两种动物，过了好久回答说：“獐子旁边的那只是鹿，鹿旁边的那只是獐子。”宾客认为他的回答很奇妙。

📖 长知识

　　王雾的回答像是什么也没答出来，却也让人挑不出毛病来。他在这里用了一种模糊语言，巧妙避开了难题的核心。巧用模糊语言可是一种语言艺术哦，听说刘邦用这种话术救了自己的命呢。项羽想借故除掉刘邦，假装要派刘邦去南郑。刘邦若同意，项羽就认为他蓄意在南郑养兵谋反；若拒绝，就等于违抗了命令。面对这个两难的选择，刘邦说：“我听大王的。”